TEORIA GIER

Sztuka myślenia strategicznego

PRISONER'S DILEMMA

	Betrays	Stays silent
Betrays	Each serves 2 years	A = free B = 3 years
Stays silent	A = 3 years B = free	Each serves 1 year

TEORIA GIER

Sztuka myślenia strategicznego

napisany przez Jean Blaise Mimbang
przetłumaczony przez Kâmil Kowalski

50MINUTES.com

TEORIA GIER

KLUCZOWE INFORMACJE

- **Nazwy:** Teoria gier, teoria zachowań strategicznych, interakcyjna teoria decyzji.

- **Zastosowania:** Uzasadnienie praw i norm społecznych w celu utrzymania współpracy w grupie; podejmowanie decyzji politycznych; zrozumienie relacji władzy w negocjacjach; narzędzie analizy konfliktów; narzędzie do generowania zaufania w grupie; zastosowania w logice i teorii zbiorów; zastosowania w ekonomii, biologii, informatyce i teorii ewolucji.

- **Przyczyny jej skuteczności:** Teoria gier jest doskonałym narzędziem do negocjacji, ponieważ zachęca do refleksji nad złożonością interakcji społecznych i pokazuje, że:

  - jednostki, firmy i kraje są wzajemnie od siebie zależne;

  - interakcja sprzyja rozwiązywaniu wspólnych problemów;

  - współpraca nie jest łatwa;

  - w niektórych przypadkach, gdy każda jednostka działa we własnym interesie, wspólny interes może nie zostać osiągnięty;

  - istnieją różne sposoby dokonywania wyborów strategicznych w sytuacji współpracy.

- **Słowa kluczowe:**
  - <u>Interakcja</u>: działanie zbiorowe, w którym gracz wykonuje czynność lub podejmuje decyzję, na którą ma wpływ inny gracz.
  - <u>Strategia</u>: pełna specyfikacja zachowania zawodnika w każdej sytuacji, w której wymaga się od niego gry.

WSTĘP

Każdego dnia wszyscy (zwierzęta, osoby fizyczne i prawne lub podmioty gospodarcze, w tym politycy, konsumenci, pracodawcy i producenci) i społeczności (drużyny sportowe, państwa, armie itp.) wchodzą ze sobą w interakcje podczas podejmowania decyzji. Interakcje te mogą przebiegać od współpracy do konfliktu.

Zakres teorii gier jest bardzo szeroki, a jej zastosowania można znaleźć w tak różnych dziedzinach, jak m.in. stosunki międzynarodowe, ekonomia, politologia, filozofia i historia. Teoria ta rozwija narzędzia do analizy zachowań (ekonomicznych, społecznych itp.) w postaci gier strategicznych.

Historia

Pierwsze analizy gier strategicznych sięgają renesansu. Jednak dopiero w XIX i XX wieku udało się naprawdę sformalizować teorię na ten temat. Do teoretyków gier tej epoki należą w szczególności matematycy i ekonomiści: Antoine Augustin Cournot, Émile Borel, John von Neumann, Oskar Morgenstern i John Forbes Nash, których wkład zostanie omówiony bardziej szczegółowo w następnym rozdziale.

 ## DOBRZE WIEDZIEĆ: RENESANS

Renesans to ruch europejski rozciągający się od późnego średniowiecza do wczesnego okresu nowożytnego. Charakteryzował się zmianą mentalności w dziedzinach literackich, artystycznych i naukowych oraz obiegiem wiedzy wśród uczonych. Renesans rozpoczął się we Włoszech i rozprzestrzenił się w całej Europie w XVI wieku.

Definicja modelu

Teoria gier bada konsekwencje strategicznych interakcji pomiędzy racjonalnymi uczestnikami (graczami) dążącymi do osiągnięcia własnych, unikalnych celów, w jasno określonych ramach. Interakcje te obejmują m.in. negocjacje, rywalizację, wzajemną pomoc, dostarczanie dóbr lub usług, czyli wszystkie możliwe działania, które prowadzą do osiągnięcia wyniku. Wynik skutkuje rezultatem, pozytywnym lub negatywnym, dla każdej osoby, która wzięła udział w grze.

Celem tej teorii jest pokazanie, że jednostki, firmy, a nawet państwa, są wzajemnie od siebie zależne i w ich najlepszym interesie jest znalezienie równowagi, aby ich interakcje były korzystne dla wszystkich. Teoria ta zachęca nas również do uświadomienia sobie, że nawet jeśli współpraca nie jest łatwa, to lepiej ją zrozumieć niż z nią walczyć.

TEORIA

TEORIA GIER I JEJ FILOZOFOWIE

Początków teorii gier, ściśle rzecz biorąc, należy szukać w pracach matematyków z pierwszej połowy XIX wieku.

Antoine Augustin Cournot

Pierwszą osobą, która badała strategiczne aspekty interakcji między podmiotami gospodarczymi był Antoine Augustin Cournot (francuski matematyk, filozof i ekonomista, 1801-1877). Jego książka z 1838 roku *Researches into the Mathematical Principles of the Theory of Wealth* zawiera początki teorii gier, która została później rozwinięta w latach 50. XX wieku. Analizuje on różne formy konkurencji w duopolach (rynek z dwoma konkurującymi sprzedawcami) oraz w specyficznym kontekście równowagi Nasha (między producentami), dla której podaje pierwsze sformułowania.

DOBRZE WIEDZIEĆ:
***RESEARCHES INTO THE MATHEMATICAL PRINCIPLES OF THE THEORY OF WEALTH*, 1838 R.**

Chociaż była całkowicie ignorowana, gdy została po raz pierwszy opublikowana, książka ta zyskała popularność dzięki pracy Johna Forbesa Nasha (amerykańskiego ekonomisty i matematyka, 1928-2015) nad teorią gier powtarzalnych w 1950 roku. Dziś konkurencja Cournota jest modelem opartym na analizie niedoskonałej konkurencji w ekonomii przemysłowej.

Francis Ysidro Edgeworth

Podczas gdy Cournot analizował strategiczne interakcje pomiędzy dwoma produkcyjnymi firmami, anglo-irlandzki ekonomista i prawnik Francis Ysidro Edgeworth (1845-1926) rozszerzył to rozumowanie i zastosował model do przypadków gospodarek bez produkcji. W *Mathematical Physics: An Essay on the Application of Mathematics to the Moral Sciences* (1881), opracował narzędzie do reprezentowania interakcji pomiędzy dwoma nieprodukcyjnymi czynnikami ekonomicznymi: skrzynkę Edgewortha. Książka ta oznaczała wprowadzenie matematyki do ekonomii.

 ## DOBRZE WIEDZIEĆ: SKRZYNIA EDGEWORTH

Pole to pozwala użytkownikom zarówno przeanalizować możliwości alokacji zasobów między dwa podmioty, jak i sprawdzić, czy alokacja ta jest idealna zgodnie z optymalnością Pareto, tzn. czy można poprawić sytuację jednego uczestnika bez szkody dla drugiego.

Ernst Friedrich Ferdinand Zermelo

Współczesna literatura z zakresu teorii gier w pełni uznaje, że pierwsze formalne twierdzenie teorii gier zostało opracowane przez Ernsta Friedricha Ferdinanda Zermelo (niemiecki matematyk, 1871-1953) w 1913 roku. Twierdzenie to zostało podjęte przez wielu autorów i zinterpretowane na kilka różnych sposobów. Wersja Mas Colell et al. z 1995 roku zasadniczo stwierdza, że w każdej doskonałej informacyjnie (czyli takiej, gdzie każdy gracz zna wszystkie strategie i funkcje wypłat wszystkich pozostałych graczy) grze stałej (gdzie liczba rund jest z góry znana), istnieje równowaga, która później stanie się znana jako równowaga Nasha.

Równowaga Nasha składa się z czystych strategii – sekwencji działań, o których wiadomo, że gracz wybierze je za każdym razem, gdy jest prawdopodobne, że zagra – i jest uzyskiwana przez indukcję wsteczną. Polega ona na wyznaczeniu optymalnych strategii graczy w ostatniej rundzie gry. Innymi słowy, analizujemy, pracując wstecz od ostatniej rundy gry do pierwszej, wyznaczając najlepsze strategie graczy na każdym etapie gry. Koncepcja ta zostanie zilustrowana później.

Émile Borel

Podczas gdy wszystkie poprzednie wypowiedzi pozwalały na rozwiązywanie prostych gier (czyli takich, w których występują czyste strategie), wkład francuskiego matematyka Émile'a Borela (1871-1956) wyznacza punkt zwrotny dla teorii gier od 1921 roku. W IV tomie swojej książki *Traktat o obliczaniu prawdopodobieństwa i jego zastosowaniach* (1924-1934) autor wprowadza prawdopodobieństwo w grach losowych i zaleca twierdzenie minimaksowe dla gier o sumie zerowej, w których zyski dla jednego gracza oznaczają straty dla drugiego. W tej samej książce autor rozróżnia również dwie różne kategorie gier losowych:

- Pierwsza obejmuje gry, w których osobowość i poziom umiejętności gracza nie odgrywają roli.

- Druga odpowiada grom, w których wpływ na wynik ma zarówno szczęście, jak i umiejętności gracza. Ta kategoria wykazuje podobieństwa do zjawisk ekonomicznych.

 ### DOBRZE WIEDZIEĆ: TWIERDZENIE MINIMAKSOWE, CZYLI PODSTAWOWE TWIERDZENIE TEORII GIER DWUOSOBOWYCH

Twierdzenie to zostało nakreślone przez Émile'a Borela w 1921 roku, ale pierwszy kompletny dowód przeprowadził dopiero kilka lat później (1928) amerykański matematyk John von Neumann. Borel stwierdził, że w grze niekooperacyjnej (czyli takiej, w której wszystkie opcje strategiczne dostępne dla graczy są określone) między dwoma graczami, z doskonałą informacją, z ustaloną liczbą czystych strategii i o sumie zerowej (zysk jednej osoby jest stratą drugiej), istnieje co najmniej równowaga, w której żaden z graczy nie ma bodźca do odejścia od swojej strategii mieszanej (rozkład prawdopodobieństwa czystych strategii gracza).

Twierdzenie to jest bardzo ważne w teorii gier, gdyż dostarcza racjonalnej metody podejmowania jednoczesnych decyzji w środowisku konkurencyjnym (gra o sumie zerowej).

John von Neumann i Oskar Morgenstern

Teoria gier pojawiła się jako pełnoprawna dyscyplina w 1944 roku pod wpływem impulsu amerykańskiego matematyka Johna von Neumanna (1903-1957) i niemieckiego ekonomisty Oskara Morgensterna (1902-1977). Wspólnie napisali oni książkę *The Theory of Games and Economic Behavior*, która przyczyniła się do imponującego rozwoju tej teorii, zwłaszcza w odniesieniu do ludzkich zachowań. W książce tej autorzy zaproponowali rozwiązanie równowagowe dla szczególnego przypadku gry o sumie zerowej. Na przykład szachy są grą, w której bierze udział dwóch graczy i której charakterystyczną cechą jest to, że zyski dla jednego gracza odpowiadają stratom dla drugiego.

John Forbes Nash i jego następcy

Prace amerykańskiego ekonomisty i matematyka Johna Forbesa Nasha umocniły w 1950 roku podstawy teorii gier. Przedstawił on rozwiązanie równowagi dla gier o sumie niezerowej. Aby to osiągnąć, oparł swoje pomysły na pracy Cournota z 1838 roku i opracował niekooperacyjną teorię równowagi dla gier o sumie zmiennej. Teoria ta uogólniała rozwiązanie przedstawione w 1944 roku przez von Neumanna i Morgensterna.

W 1965 roku swój wkład w tę dziedzinę wniósł niemiecki ekonomista Reinhard Selten (1930-2016), wprowadzając pojęcie subgame perfect equilibrium.

Podobnie, węgiersko-amerykański ekonomista John Charles Harsanyi (1920-2000) wniósł znaczący wkład do teorii gier, dzięki swojej szczegółowej analizie gier niekompletnej informacji, znanych jako gry bayesowskie. Spopularyzował on również bardzo teoretyczne pojęcie równowagi Nasha poprzez długi artykuł opublikowany w 1967 roku.

Wreszcie kanadyjski matematyk Donald Bruce Gillies (1928-1975) usystematyzował równowagę ogólną, przyjmując za punkt wyjścia skrzynię Edgewortha.

 ## DOBRZE WIEDZIEĆ: RÓWNOWAGA NASHA

Równowaga Nasha, to sytuacja równowagi, w której żaden z graczy nie jest zainteresowany zmianą własnej strategii, biorąc pod uwagę strategię drugiego gracza.

Od lat 70. i 80. XX wieku teoria gier przeżywa znaczący rozwój w ramach dziedziny matematyki. Obecnie jest ona gałęzią zarówno ekonomii, jak i matematyki, choć, jak wspomniano wyżej, może być również stosowana do szeregu problemów społecznych, medycznych, politycznych i ekonomicznych.

Na dowód znaczenia tej dyscypliny, w ostatnich latach kilku teoretyków gier otrzymało Nagrodę Nobla w dziedzinie nauk ekonomicznych:

* John Charles Harsanyi, John Forbes Nash i Reinhard Selten w 1994 roku;

- Amerykański ekonomista Thomas Schelling (1921-2016) i izraelski ekonomista Robert Aumann (ur. 1930) w 2005 r;

- Amerykańscy ekonomiści Lloyd Shapley (1923-2016) i Alvin E. Roth (ur. 1951) w 2012 r.

PREZENTACJA TEORII GIER

Hipotezy wspierające teorię gier są następujące:

- racjonalność uczestników (graczy), która skłania ich do osiągnięcia najlepszego dla siebie rozwiązania, jest mierzona przez tzw. użyteczność;

- każdy gracz zna wszystkie strategie i funkcje wypłat wszystkich pozostałych graczy (kompletna informacja);

- wszyscy uczestnicy podejmują najlepsze dla siebie decyzje w celu maksymalizacji swojej użyteczności (w przypadku osób fizycznych) lub zysku (w przypadku przedsiębiorstw), wiedząc, że inni robią to samo;

- wybory dokonane w przeszłości są znane przez wszystkich uczestników.

Formalności związane z grą

Gra strategiczna charakteryzuje się zbiorem reguł gry, które określają:

- Zawodnicy.

- Strategie (działania lub decyzje).

- Kolejność podejmowania decyzji (postęp gry).

- Wypłaty lub użyteczność graczy (w zależności od ich strategii). Użyteczność nie jest miarą materialnej, pieniężnej lub innej wypłaty, ale subiektywną miarą zadowolenia gracza.

- Informacja dostępna dla graczy. Informacja ta może być kompletna (doskonała) lub niepełna (niedoskonała).

Rodzaje gier

Istnieje wiele rodzajów gier:

- gry o sumie zerowej lub ściśle konkurencyjne gry o sumie niezerowej;

- gry z decyzjami jednoczesnymi lub decyzjami sekwencyjnymi;

- gry kooperacyjne lub niekooperacyjne;

- gry dwuosobowe lub gry z więcej niż dwoma graczami;

- gry z doskonałą informacją lub gry z niedoskonałą informacją;

- gry statyczne (jedna runda), gry stałe (kilka rund) lub gry nieskończone.

Rodzaje strategii

- <u>Czysta strategia</u>: sekwencja działań, o których wiadomo, że gracz wybierze je za każdym razem, gdy gra.

- <u>Strategia mieszana</u>: rozkład prawdopodobieństwa czystych strategii gracza.

- <u>Strategia słabo dominująca</u>: strategia X jest słabo dominująca dla gracza Y, jeśli istnieje inna strategia, X', która oferuje niższą lub równą wypłatę dla gracza Y.

- <u>Strategia słabo zdominowana</u>: strategia X jest słabo zdominowana dla gracza Y, jeśli istnieje inna strategia, X', która oferuje wyższą lub równą wypłatę dla gracza Y.

- <u>Strategia ściśle dominująca</u>: strategia X jest ściśle dominująca dla gracza Y, jeśli nie istnieje inna strategia, X', która oferuje ściśle wyższą wypłatę dla gracza Y.

- <u>Strategia ściśle zdominowana</u>: strategia X jest ściśle zdominowana dla gracza Y, jeśli istnieje inna strategia, X', która oferuje ściśle wyższą wypłatę dla gracza Y.

PRZYKŁADY GIER

Rozważmy następującą grę dwóch graczy (gracz 1 i gracz 2) decyduje się grać przeciwko sobie.

- Strategie gracza 1: X i Y.

- Strategie graczy 2: U i V.

- Kolejność decyzji: gracz 1 potem gracz 2.

- Wypłaty: Macierz wypłat jest przedstawiona przez a i b, gdzie a reprezentuje wypłaty gracza 1, a b wypłaty gracza 2.

- Jeśli gracz 1 wybiera X, a gracz 2 wybiera U:
  - Wypłata gracza 1: 4
  - Wypłata gracza 2: 2
- Jeśli gracz 1 wybiera X, a gracz 2 wybiera V:
  - Wypłata gracza 1: 3
  - Wypłata gracza 2: 1
- Jeśli gracz 1 wybiera Y, a gracz 2 wybiera U:
  - Wypłata gracza 1: 2
  - Wypłata gracza 2: 5
- Jeśli gracz 1 wybiera Y, a gracz 2 wybiera V:
  - Wypłata gracza 1: 9
  - Wypłata gracza 2: 0

Jeśli przyjmiemy hipotezę, że obaj gracze mają pełne informacje, to istnieją dwa możliwe sposoby reprezentacji tej gry:

- Forma ekstensywna, lepiej nadaje się do sekwencyjnych gier decyzyjnych

- Forma strategiczna, lepiej nadaje się do gier statycznych z jednoczesnymi decyzjami

Każda forma ekstensywna odpowiada grze strategicznej, w której gracze wybierają swoje strategie jednocześnie. Z drugiej strony, grze strategicznej może odpowiadać wiele różnych form ekstensywnych.

Sukcesywna eliminacja strategii zdominowanych

Aby określić, jakie strategie będą grać zarówno gracz 1, jak i gracz 2, musimy określić strategie dominujące każdego z graczy.

Gracz 2

* jeśli gracz 1 wybierze X, najlepszym wyborem dla gracza 2 jest U, ponieważ przy tym wyborze jego wypłata wyniesie 2 (w porównaniu z 1, jeśli wybierze V);

* jeśli gracz 1 wybierze Y, najlepszym wyborem dla gracza 2 jest U, ponieważ przy tym wyborze jego wypłata wyniesie 5 (w porównaniu z 0, jeśli wybierze V).

Dla gracza 2 strategia U ściśle dominuje nad strategią V, ponieważ w obu sytuacjach oferuje graczowi 2 lepszą wypłatę.

Eliminując strategię V gracza 2 (ściśle zdominowaną, bo przegrywa niezależnie od tego, co się stanie), grę można przedstawić w następujący sposób:

Gracz 1

Biorąc pod uwagę, że gracz 2 wybiera swoją ściśle dominującą strategię U, najlepszym wyborem dla gracza 1 jest X, ponieważ przy tym wyborze jego wypłata wyniesie 4 (w porównaniu z 2, jeśli wybierze Y).

Dla gracza 1 strategia X jest dominująca, ponieważ oferuje lepszą wypłatę.

Eliminując strategię zdominowaną przez gracza 1 (tę, w której traci najwięcej), grę można przedstawić w następujący sposób:

Sytuacja X, U odpowiada równowadze Nasha.

Równowaga Nasha

Równowaga Nasha to sytuacja, w której żaden z graczy nie chce zmienić swojej strategii, w świetle strategii wybranych przez pozostałych graczy. Ponieważ działają oni strategicznie, każdy z graczy zagra swoją najlepszą strategię w zależności od strategii pozostałych graczy.

Równowaga Nasha jest wyznaczana poprzez iteracyjną (sukcesywną) eliminację strategii zdominowanych, gdyż strategie te nigdy nie są grane przez graczy (ze względu na ich racjonalność).

W naszym przykładzie równowaga Nasha odpowiada strategiom:

- X dla gracza 1
- U dla gracza 2.

Związane z tym wypłaty są następujące:

- wygrana gracza 1: 4
- gracz 2 wypłata: 2.

Grę można rozwiązać poprzez iteracyjną eliminację strategii zdominowanych, pozostawiając na koniec procesu tylko jedną strategię (profil unikalny) dla każdego gracza. Równowaga Nasha składa się ze strategii uzyskanych w ten sposób.

Równowaga osiągnięta poprzez sukcesywną eliminację strategii (ściśle) zdominowanych nie zależy od kolejności eliminacji tych strategii. Z drugiej strony, inną równowagę można uzyskać poprzez eliminację strategii słabo zdominowanych. Równowaga Nasha uzyskana przez sukcesywną eliminację strategii ściśle zdominowanych jest bardziej odporna niż równowaga uzyskana przez iteracyjną eliminację strategii słabo zdominowanych.

W niektórych przypadkach gra nie może być rozwiązana.

Optymalność Pareto

Gra o czystych strategiach może mieć wiele równowag Nasha lub nie mieć ich wcale. W takim przypadku problemem jest, jak wybrać jedną konkretną równowagę.

Optymalność Pareto pokazuje, że profil strategii A dominuje nad strategią B, jeśli A jest ściśle lepszy dla wszystkich graczy.

Strategie mieszane

Dotychczas zdefiniowane i stosowane strategie są strategiami czystymi (opcje dostępne dla graczy).

Jak wyjaśniono powyżej, strategia mieszana to rozkład prawdopodobieństwa na wszystkie czyste strategie. Gracze losowo wybierają strategie z pewnym prawdopodobieństwem.

Aby to zobrazować, możemy wziąć grę z poprzedniego przykładu i założyć, że tym razem gracz 1 losowo zagrywa X i Y z prawdopodobieństwem ½ (0,5), a gracz 2 robi to samo.

- Forma strategiczna gier o strategii mieszanej: co drugi raz (0,5, lub ½) gracz 1 wybiera strategię X i co drugi raz (0,5 lub ½) wybiera strategię Y. Gracz 2 robi to samo.

- Oczekiwane wypłaty:

  - jeśli gracz 2 wybierze U, to oczekiwane wypłaty gracza 1 wynoszą (0,5 x 4) + (0,5 x 2) = 3;

  - jeśli gracz 2 wybierze V, to oczekiwane wypłaty gracza 1 wynoszą (0,5 x 3) + (0,5 x 9) = 6;

  - jeśli gracz 1 wybierze X, to oczekiwana wypłata gracza 2 wynosi (0,5 x 2) + (0,5 x 1) = 1,5;

  - jeśli gracz 1 wybierze Y, to oczekiwane wypłaty gracza 2 wynoszą (0,5 x 5) + (0,5 x 0) = 2,5.

- Równowaga Nasha w strategiach mieszanych: Każdy gracz wybiera strategię, która pozwala mu zmaksymalizować wypłatę. W równowadze Nash z naszego przykładu, gracz 1 wybiera strategię Y z prawdopodobieństwem ½ (0.5), a gracz 2 wybiera strategię V z prawdopodobieństwem ½ (0.5). Oczekiwane wypłaty dla obu graczy wynoszą 6 dla gracza 1 i 2,5 dla gracza 2. Widać tu twierdzenie Nasha, gdyż każda gra strategiczna ma równowagę Nasha dla strategii mieszanych.

DYLEMAT WIĘŹNIA

Kilka koncepcji z teorii gier może być zostać przeanalizowanych na jednym konkretnym przykładzie – dylemacie więźnia. Pierwsza wersja dylematu więźnia została przedstawiona przez naukowców z RAND Corporation (dział badawczo-rozwojowy US Air Force utworzony w 1945 roku) w 1950 roku. Pomaga ona wyjaśnić wyścig zbrojeń, ale także proces rozbrojenia nuklearnego.

Historia dylematu więźnia

Dwaj złodzieje zostają zatrzymani przez policję i osobno przesłuchiwani. Policja jest przekonana, że są winni, ale nie ma jeszcze wystarczających dowodów, by wydać długi wyrok więzienia. Złodzieje przysięgali sobie przed aresztowaniem, że nie będą na siebie nawzajem donosić. Policja, która chce zmusić obu mężczyzn do przyznania się, obiecuje wolność temu, który zacznie mówić, pod warunkiem, że tylko jeden to zrobi. Powstaje więc dylemat: z jednej strony więźniowie wiedzą, że poniosą niewielką karę, jeśli nie przyznają się policji. Z drugiej strony obaj są indywidualnie kuszeni do przyznania się do przestępstwa, aby zyskać wolność.

Strategiczna forma dylematu więźnia

W tym przypadku dwóch graczy (złodziei) ma do wyboru dwie strategie: zaprzeczyć lub przyznać się. Każde pole zawiera wypłaty dla dwóch graczy. Pierwsza cyfra odpowiada wynikowi gracza 1, a druga – wynikowi gracza 2. Umownie, liczba lat więzienia jest tu zapisana jako ujemna, ponieważ reprezentuje utratę użyteczności. Celem każdego z graczy jest minimalizacja liczby lat spędzonych w więzieniu.

Dominujące strategie dwóch graczy

- Jeśli gracz 2 zdecyduje się zaprzeczyć, w interesie gracza 1 jest przyznanie się do winy, aby uniknąć roku więzienia i tym samym być wolnym.

- Jeśli gracz 2 zdecyduje się przyznać, w interesie gracza 1 jest przyznanie się i spędzenie w więzieniu tylko 4 lat zamiast 5, jeśli zaprzeczy.

- Jeśli gracz 1 zdecyduje się zaprzeczyć, w interesie gracza 2 jest przyznanie się do winy, aby uniknąć roku więzienia i tym samym być wolnym.

- Jeśli gracz 1 zdecyduje się przyznać, w interesie gracza 2 jest przyznanie się i spędzenie w więzieniu tylko 4 lat zamiast 5, jeśli zaprzeczy.

Tutaj "przyznać się" jest strategią dominującą dla obu graczy. W rzeczywistości, niezależnie od tego, co wybierze jeden z graczy, drugi zawsze uzyska lepszy wynik, denuncjując swojego wspólnika. To właśnie nazywa się równowagą Nasha.

Równowaga Nasha w dylemacie więźnia

Logicznym rozwiązaniem gry (zgodnie z równowagą Nasha) byłoby, gdyby każdy z graczy zadenuncjował drugiego: każdy z nich zostałby wtedy skazany na cztery lata więzienia. I odwrotnie, współpracując (milcząc), obaj spędziliby w więzieniu tylko rok. Dylemat więźnia ilustruje konflikt między zbiorowym dobrobytem wynikającym ze współpracy a indywidualnymi zachętami, by tego nie robić. W sytuacji, gdy jeden z dwóch graczy nie ma pewności co do intencji drugiego, w ich najlepszym interesie, w imię indywidualnej racjonalności, jest wybór przyznania się do winy, mimo że interes zbiorowy zaleca zaprzeczenie. Stąd tak ważne jest posiadanie praw społecznych, norm i zasad, które narzucają pewną współpracę, ale które w praktyce nie są łatwe do zrealizowania.

OGRANICZENIA I ROZSZERZENIA MODELU

OGRANICZENIA I KRYTYKA MODELU

Ograniczenia i krytyka teorii gier są liczne i dotyczą samego pojęcia gry, pojęcia równowagi, jak i możliwych zastosowań tej teorii.

Koncepcja gry

Teoretycy gier używają słowa "gra" w odniesieniu do każdego kompletnego modelu składającego się z listy osób (graczy), zbioru strategii i wypłat. Termin "gra" nie odnosi się do symbolicznej czynności wykonywanej dla zabawy, ale do serii ograniczeń dotyczących jakiegoś zagadnienia.

Pojęcie równowagi Nasha

W życiu codziennym, stan równowagi jest zazwyczaj postrzegany jako "stan spoczynku" osiągany przez systemy, które wcześniej były w ruchu. Jednak teoria gier używa słowa "równowaga" do opisania swojej głównej koncepcji, a mianowicie równowagi Nasha. Równowaga ta jest osiągana, ponieważ każdy gracz prawidłowo przewiduje, co prawdopodobnie zrobią pozostali. Ponieważ wybory dokonywane są jednocześnie, idea procesu prowadzącego do równowagi poprzez kolejne modyfikacje antycypacji nie ma w tym przypadku sensu. Dlatego zbyt trudno jest myśleć o "równowadze" bez myślenia o takiej czy innej formie dynamizmu.

Możemy to zilustrować za pomocą modelu duopolu Cournota, który jest prekursorem równowagi Nasha. W tym słynnym modelu niedoskonałej konkurencji (struktura rynku charakteryzująca się producentami, którzy mogą ustalać inne ceny niż te, które są na rynku), każde przedsiębiorstwo składa ofertę, przewidując ofertę drugiego. Nie wiedząc nic o konkurencji, biznes zakłada, że po dokonaniu swojego wyboru, drugi biznes nie zmieni zdania. Równowaga Cournota zakłada, że każda firma składa swoją ofertę, przewidując dokładnie, co zrobi druga. W związku z tym nie tylko dynamika prowadząca do równowagi nie jest ustalona, ale rozwiązanie równowagi nigdy nie zostanie osiągnięte, z wyjątkiem szczególnych przypadków, w których firma natrafi na ofertę drugiej przypadkowo.

Podobnie, krytykę można rozszerzyć na inny niekooperacyjny model równowagi, jakim jest duopol Josepha Louisa François Bertranda (francuski matematyk i ekonomista, 1822-1900). W tym modelu firmy wysuwają strategie oparte na cenie. W szczególności widać, że równowaga Nasha nigdy nie zostaje ustanowiona, ponieważ obie firmy ustalają tę samą cenę równą średniemu kosztowi (który zakłada się, że jest stały). Ponieważ przy tej cenie ich zysk jest zerowy, w interesie obu firm jest zaoferowanie ceny powyżej kosztów, a tym samym posiadanie 50% szansy na osiągnięcie zysku, który jest ściśle dodatni (a nie zerowy). W rezultacie żaden z nich nie wybiera rozwiązania równowagi Nasha.

Kolejnym punktem, który kwestionuje równowagę Nasha jest fakt, że gracz nie może zmienić swojej strategii po rozpoczęciu gry. Ten aspekt jest również ograniczeniem teorii.

Zastosowania teorii gier

Wracając do przedstawionej powyżej definicji teorii gier, bardzo trudno jest zastosować tę teorię do sytuacji rzeczywistych. Rzeczywiście, znalezienie przykładów sytuacji, które można odnieść do dylematu więźnia jest praktycznie niemożliwe. W rzeczywistości, na indywidualne wybory w dużej mierze wpływa system wartości wynikający z wykształcenia i kultury. Ponieważ nie można ich zaobserwować w życiu codziennym, warunki gry są tworzone sztucznie. Teoria gier jest więc trudna do zastosowania w rzeczywistości, nawet w kontekście, który początkowo wydaje się jej sprzyjać (interakcja).

Ostatecznie, wiele osób, w tym francuski ekonomista Bernard Guerrien, uważa, że z zasady teoria gier niczego nie rozwiązuje i nie ma nic do zaoferowania graczom. Zwraca ona uwagę głównie na problemy stwarzane przez indywidualne wybory w interakcji, w sytuacji, gdy wszystkie założenia modelu są określone. Należy zatem zachować ostrożność w stosowaniu tego narzędzia ekonomii eksperymentalnej.

ROZSZERZENIA I MODELE POWIĄZANE

Wszystkie wymienione ograniczenia i krytyka teorii gier wynikają przede wszystkim z faktu, że odnosi się ona jedynie do pojedynczej, jednorundowej gry, w której gracze nie współpracują. Co się dzieje, gdy gracze współpracują, a interakcje między nimi są powtarzane wielokrotnie?

Intuicyjnie, współpraca może okazać się łatwiejsza w przypadku ponownych interakcji. Nazywa się to "powtarzającymi się grami". Dlaczego twoja kwiaciarnia oferuje ci tę samą cenę za dobrej jakości bukiet kwiatów, kiedy mogłaby policzyć więcej za bukiet słabszej jakości? Dzieje się tak prawdopodobnie dlatego, że ma nadzieję, że wrócisz do niej w przyszłości. Wracając do tej kwiaciarni, współpracujesz jako konsument.

Powtarzające się gry stanowią potężny motyw współpracy. Współpraca w pierwszej rundzie zachęca do współpracy w kolejnej rundzie. Taka motywacja nie istnieje w statycznych grach z jedną rundą.

Istnieją dwa rodzaje gier powtarzalnych:

- te, w których koniec jest znany z całą pewnością;

- te, w których koniec jest nieznany.

To rozróżnienie jest ważne, ponieważ prowadzi do różnych implikacji w zakresie teorii gier.

Ustawienie gry

W tego typu grze ważne jest zakończenie, które jest z góry znane przez graczy. Gracze znają również wyniki wcześniejszych rund. Równowaga Nasha jest wyznaczana poprzez tak zwaną indukcję wsteczną.

DOBRZE WIEDZIEĆ: INDUKCJA WSTECZNA

Chodzi o to, aby określić najlepsze strategie graczy w ostatniej rundzie gry. Stamtąd można pracować wstecz od ostatniej rundy gry do pierwszej.

W przedstawionym wcześniej przykładzie dylematu więźnia można zauważyć, co się stanie, jeśli gra zostanie powtórzona określoną liczbę razy.

W ostatniej rundzie (T), biorąc pod uwagę, że gra się kończy, najlepszą strategią dla każdego gracza z punktu widzenia racjonalności indywidualnej jest przyznanie się do winy (wynik taki sam jak w grze statycznej). Ustala się zatem równowagę Nasha (przyznanie, przyznanie).

W rundzie T-1 (przedostatniej) w interesie graczy jest jeszcze współpraca, bo wiedzą, że jest jeszcze jedna runda. Wiemy jednak, że współpraca nie jest tu możliwa. W związku z tym w rundzie T-1 również nie ma korzyści z kooperacji i ponownie znajdujemy równowagę Nasha (przyznanie, przyznanie). To co jest prawdą w T-1 jest również prawdą w T-2, i tak dalej aż do pierwszej rundy. Przez indukcję wsteczną można pokazać, że na każdym etapie gracze wybiorą strategię "przyznać się". Wynik ten można wyjaśnić tym, że gracze przewidują, co się stanie.

Gry nieskończone

Istnieją dwa rodzaje gier nieskończonych:

- takie, w których strony kontynuują grę w nieskończoność (nieograniczoną w czasie);

- te, bardziej realistyczne, w których gra zatrzymuje się niespodziewanie (losowo).

W przypadku gier ustalonych możliwe jest wyznaczenie równowagi Nasha przez indukcję wsteczną, ponieważ wystarczy przewidzieć wybory graczy w rundzie T. W grze nieskończonej rozumowanie to nie ma już racji bytu, ponieważ istnieje wiele możliwych strategii, a zatem mnogość równowag.

Centralny wynik teorii gier, który warto znać, ale którego nie będziemy tu demonstrować ze względu na jego złożoność, jest następujący: jeśli agenci są wystarczająco cierpliwi, strategie obejmujące fazy współpracy są równowagami Nasha.

Możemy spróbować zrozumieć ten centralny wynik w teorii gier w świetle dylematu więźnia powtarzanego nieskończoną ilość razy.

W równowadze możliwe są trzy pary strategii:

- Zarówno gracz 1, jak i gracz 2 zawsze wybierają konfesję. W świetle ustaleń poczynionych w poprzednich rozdziałach wiemy, że ta równowaga ma ograniczoną wartość;

- Obaj gracze zgadzają się na zaprzeczenie. Gdy tylko jeden z graczy odstąpi od umowy, drugi odpowiada, wybierając zawsze przyznanie się;

- Umowa "oko za oko, ząb za ząb", zgodnie z którą przyznanie się jednego gracza jest karane przez drugiego, który przyznaje się tyle razy, ile potrzeba, aby zadać taką samą szkodę (lata więzienia). W związku z tym, jeśli gracz 1 przyzna się do winy, gracz 2 również zdecyduje się na przyznanie się do winy, aby nie dopuścić do skorzystania z wolności.

Umową, która wydaje się najbardziej wiarygodna i najkorzystniejsza dla wszystkich jest "oko za oko, ząb za ząb". Wynik ten obowiązuje niezależnie od osoby, która wyznacza karę. W ten sposób wiara w wewnętrzną, boską lub ziemską sprawiedliwość może być czynnikiem koordynacji i stabilności w taki sam sposób, jak zagrożenie ze strony przeciwnika. Interesujące jest to, że jeśli obaj gracze są racjonalni, to nic odstąpią od umowy, a w konsekwencji kara nie zostanie zastosowana.

ZASTOSOWANIA KONCEPCJI: SPEKTRUM POLITYCZNE

Załóżmy, że w pewnym kraju poglądy polityczne rozkładają się równomiernie na osi od skrajnej lewicy do skrajnej prawicy, a dwie partie (A i B) muszą w wyborach ustawić się politycznie tak, aby zdobyć jak najwięcej głosów.

Wreszcie załóżmy, że partie wchodzą na arenę polityczną jedna po drugiej, a wyborcy głosują na partię najbliższą ich problemom.

PRZYPADEK 1

Jeśli pierwsza partia (A) ustawi się po lewej stronie, to druga (B) również ustawi się po lewej stronie, ale nieco na prawo od pierwszej partii, tak aby mogła zgrać część wyborców centrolewicy, centrum i prawicy i w ten sposób wygrać wybory.

Druga partia (B) przeniesie głosy wyborców po swojej prawej stronie, a także połowę głosów pomiędzy nią a pierwszą partią (A) po lewej stronie.

PRZYPADEK 2

Jeśli pierwsza partia pozycjonuje się (A) po prawej stronie, to w interesie drugiej partii (B) jest, aby również pozycjonowała się po prawej stronie, ale nieco na lewo od pierwszej partii, aby wygrać wybory.

Podobnie jak w pierwszym scenariuszu, partia B będzie przeważać nad partią A.

Obie partie powinny zatem znaleźć się w centrum politycznego spektrum. Wynik ten nie jest bynajmniej teoretyczny, ponieważ dość dobrze odpowiada sytuacji politycznej obserwowanej w Stanach Zjednoczonych, gdzie w przeszłości trudno było czasem odróżnić Demokratów od Republikanów.

A GDYBYŚMY DODALI JESZCZE JEDNĄ STRONĘ?

Załóżmy teraz, że dwie partie polityczne wiedzą, że trzecia partia (C) zamierza wejść do spektrum politycznego kraju.

- Jeśli sytuacja polityczna kraju jest taka jak w przypadku 1, trzecia partia polityczna powinna ustawić się nieco na prawo od partii B, aby zdobyć prawie połowę głosów.

- Jeśli sytuacja polityczna kraju jest taka jak w przypadku 2, trzecia partia powinna ustawić się nieco na lewo od partii B, aby zdobyć prawie połowę głosów.

Aby uniknąć tych dwóch nieopłacalnych sytuacji, wiedząc, że na arenę wkroczy trzecia partia, dwie pierwsze partie powinny ustawić się odpowiednio w centrum clcktoratu po prawej i w centrum elektoratu po lewej stronie. Postępując w ten sposób, każda z nich zdobędzie połowę głosów elektoratu.

Jeśli trzecia partia polityczna zdecyduje się wejść na arenę pomimo tego pozycjonowania, zdobędzie jedną czwartą głosów (2/8) poprzez pozycjonowanie się w centrum politycznego spektrum, podczas gdy dwie pozostałe partie będą miały po 3/8 głosów.

Co w tej sytuacji zyskuje partia trzecia, wchodząc na arenę polityczną? Postronny obserwator z pewnością powie, że nie ma w tym żadnego interesu. Sytuacja jest jednak bardziej precedensowa, ponieważ w niektórych krajach takie pozycjonowanie może być dobrym posunięciem. W systemie politycznym takim jak belgijski, na przykład, partia mniejszościowa może nadal uczestniczyć w rządzie poprzez porozumienia z innymi partiami.

PODSUMOWANIE

- Początki analiz gier losowych sięgają renesansu. Prace Antoine Augustina Cournota, Francisa Ysidro Edgewortha, Ernsta Friedricha Ferdinanda Zermelo i Émile'a Borela aktywnie przyczyniły się do zdefiniowania tej teorii.

- Narodziny dyscypliny sięgają roku 1944, kiedy to ukazał się założycielski tekst *Theory of Games and Economic Behavior* autorstwa Johna Forbesa Nasha, Johna von Neumanna i Oskara Morgensterna.

- Koncepcja "rozwiązania równowagi w grach o sumie zerowej" została wysunięta przez Nasha w 1950 roku, a "idealną równowagę w grach cząstkowych" zaproponował Reinhard Selten w 1965 roku. Charles Harsanyi spopularyzował pojęcie równowagi Nasha w 1967 roku, a w tej samej dekadzie Donald Bruce Gillies zaproponował systematyzację równowagi ogólnej. Począwszy od lat 70. i 80. XX wieku teoria gier przeszła duży rozwój, a szereg teoretyków gier zostało docenionych (Nagroda Nobla w dziedzinie nauk ekonomicznych).

- Oprócz tego, że teoria gier jest doskonałym narzędziem w negocjacjach, jej głównym celem jest pokazanie, że jednostki, firmy i państwa są wzajemnie od siebie zależne i że współdziałanie jest korzystne dla rozwiązywania wspólnych problemów. Pokazuje również, że współpraca nie jest łatwa do realizacji i w

niektórych przypadkach lepiej znaleźć wspólne rozwiązanie niż doprowadzić do konfliktu.

- Zakres teorii gier jest niesamowicie duży i widać go na co dzień, szczególnie na spektrum politycznym.

- Ograniczenia i krytyka teorii gier koncentrują się na pojęciu gry (błędne użycie terminologii, gdyż w tym przypadku odnosi się ona do zbioru ograniczeń związanych z jakimś problemem, a nie do przyjemnej aktywności), równowadze Nasha (gdyż nie istnieje dynamiczny proces prowadzący do równowagi) oraz zastosowaniach modelu (znalezienie zastosowań w realnym życiu jest prawie niemożliwe).

- Ponieważ krytycy teorii gier zwracają uwagę głównie na to, że ogranicza się ona do jednorundowych, prostych gier, w których gracze nie współpracują, teoretycy gier uzupełnili model oparty na grach powtarzanych (ustalonych i nieskończonych), które zachęcają graczy do chętniejszej współpracy.

- Chociaż teorii gier nie można zastosować do wszystkich aspektów życia w społeczeństwie, jest ona przydatna w medycynie, polityce, strategii wojskowej i ekonomii. Zachęca do refleksji nad złożonością interakcji społecznych, co pozwala nam umieścić wydarzenia w odpowiedniej perspektywie.

DALSZE CZYTANIE

BIBLIOGRAFIA

Strona internetowa *Archives-ouvertes:*

http://hal.archives-ouvertes.fr/

Davis, M. (1974) *Introduction à la théorie des jeux.* Paris: Armand Colin.

Strona internetowa *Encyclopédie Universalis:*

http://www.universalis.fr/

Friedman, J. (1990) *Game Theory with Applications to Economics.* Oxford: Oxford University Press.

Gabszewicz, J. (1970) *Théorie du noyau et de la concurrence imparfaite.* Louvain: Recherches Économiques de Louvain. Tom 36, s. 21-37.

Giraud, G. (2000) *La Théorie des jeux.* Paris: Flammarion.

Strona internetowa *Le Monde:*

http://www.lemonde.fr/

Moulin, H. i de Possel, R. (1979) *Fondations de la théorie des jeux.* Paris: Hermann.

Ponssard, J.-P. (1977) *Logique de la négociation et théorie des jeux.* Paris: Éditions d'Organisation.

Smith, J. M. (2002) *Evolution and the Theory of Games.* Cambridge: Cambridge University Press.

Thisse, J. F. (2004) *Théorie des jeux : une introduction.* Louvain-la-Neuve: Université catholique de Louvain.

Tirole, J. (1985) *Concurrence imparfaite.* Paris: Economica.

Yildizoglu, M. (2011) *Introduction à la théorie des jeux. Manuel et exercices corrigés*. Paris: Dunod.

DODATKOWE ŹRÓDŁA

Kuhn, H. (2003) *Lectures on the Theory of Games*. Princeton: Princeton University Press/.

Sorin, S. (2002) *A First Course on Zero-Sum Repeated Games*. Berlin: Springer-Verlag.

Spaniel, W. (2011) *Game Theory 101: The Complete Textbook*. CreateSpace Independent Publishing Platform.

Talwalkar, P. (2014) *The Joy of Game Theory: An Introduction to Strategic Thinking*. CreateSpace Independent Publishing Platform.

Chcemy usłyszeć od Ciebie, co się dzieje!
Zostaw komentarz na temat swojej internetowej biblioteki
i podziel się swoimi ulubionymi książkami w mediach społecznościowych!

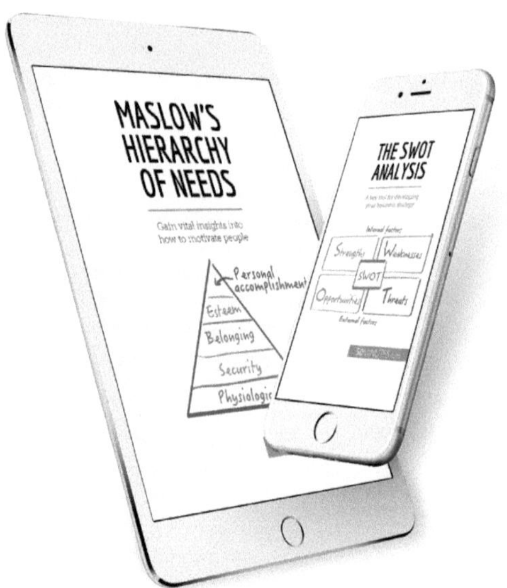

IMPROVE YOUR GENERAL KNOWLEDGE

IN THE BLINK OF AN EYE !

www.50minutes.com

Master ISBN : 9782808066549
Papierowy ISBN : 9782808069335
Depozyt prawny: D/2022/12603/154

Projekt cyfrowy: Primento – cyfrowy partner wydawców.